Paris
1858

Jourdain, Charles-Marie-Gabriel Brechillet,
Un ouvrage inédit de Gilles de Rome

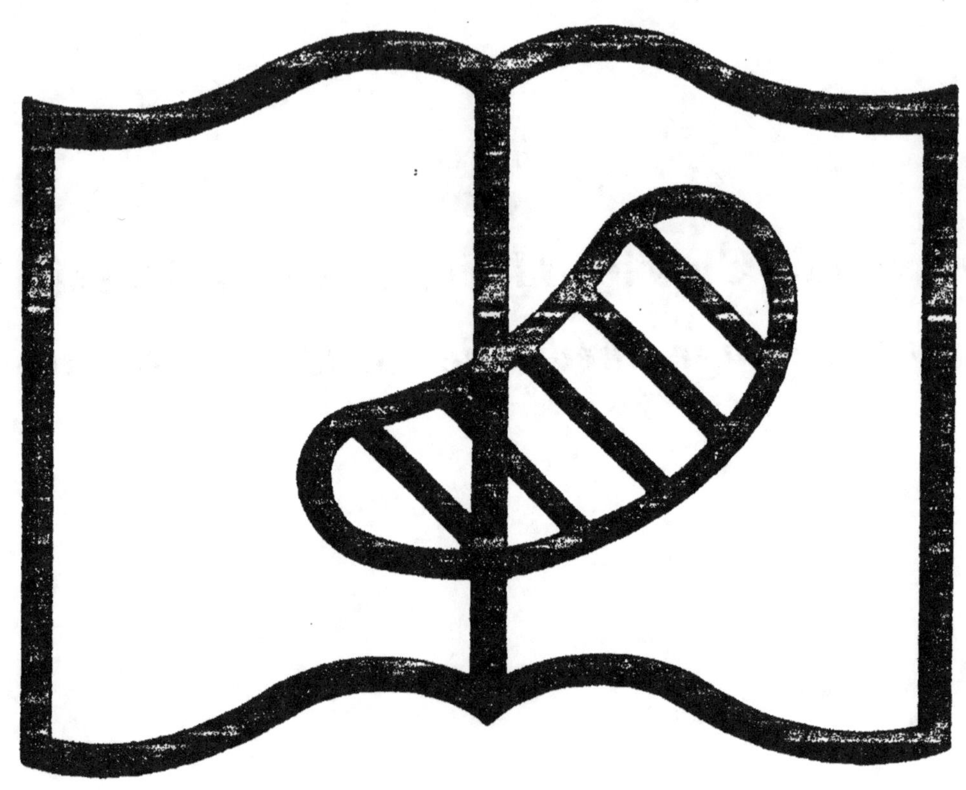

Symbole applicable
pour tout, ou partie
des documents microfilmés

Original illisible

NF Z 43-120-10

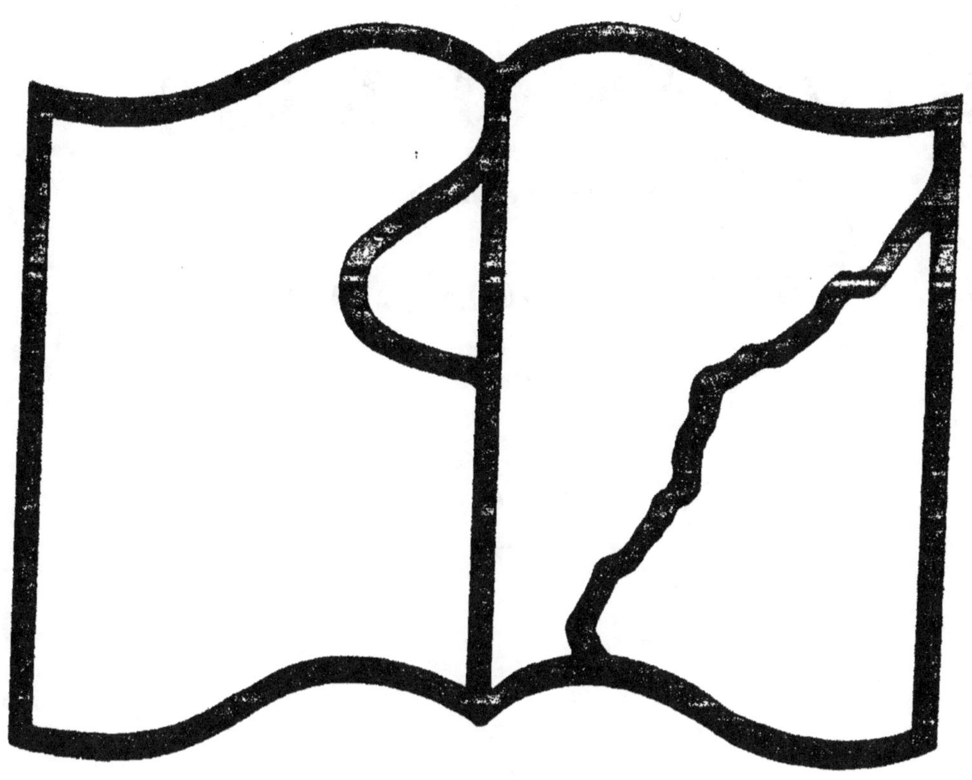

**Symbole applicable
pour tout, ou partie
des documents microfilmés**

Texte détérioré — reliure défectueuse

NF Z 43-120-11

UN OUVRAGE INÉDIT

DE

GILLES DE ROME

PRÉCEPTEUR DE PHILIPPE LE BEL

EN FAVEUR DE LA PAPAUTÉ

PAR

CHARLES JOURDAIN

Chef de division au ministère de l'Instruction publique
et des Cultes.

PARIS,

IMPRIMERIE ET LIBRAIRIE ADMINISTRATIVES DE PAUL DUPONT,

Rue de Grenelle-Saint-Honoré. 45.

1858.

(Extrait du Journal général de l'instruction publique.)

UN OUVRAGE INÉDIT

DE

GILLES DE ROME

PRÉCEPTEUR DE PHILIPPE LE BEL

EN FAVEUR DE LA PAPAUTÉ.

Les Annales de notre pays offrent peu d'événements plus considé-
rables par les questions qui s'y rattachent et par les suites qu'ils ont
eues, que la querelle de Boniface VIII et de Philippe le Bel. Le clergé
de France payera-t-il au roi, sans la permission du pape, les mêmes im-
pôts que le reste de la nation ? Enverra-t-il au pape, sans la permission
du roi, de l'argent et d'autres subsides ? Voilà le prétexte et l'origine
du différend : le dogme et la discipline ecclésiastique n'y paraissent
pas d'abord engagés.

Cependant le terrain de la dispute s'agrandit. Pour soutenir leurs
prétentions réciproques, le pontife et le monarque invoquent les
droits que leur donne l'éminence de leur dignité : le pontife soutient
qu'il est le juge et le maître des rois ; le roi répond qu'il n'a sur la
terre, dans l'ordre temporel, d'autre juge et d'autre supérieur que
Dieu ; une contestation purement fiscale à son point de départ se trouve
ainsi transformée dans le cours de quelques mois en un débat de la
portée la plus grave sur les fondements du pouvoir et sur la mission
temporelle de l'Eglise dans la société catholique.

Ce n'était pas sans doute la première fois que l'autorité spirituelle et l'autorité civile donnaient à la chrétienté le triste spectacle de leurs discussions et de leurs luttes. Quel retentissement n'avaient pas eu les querelles du sacerdoce et de l'empire depuis le pontificat de Grégoire VII, et ces sentences d'excommunication lancées contre les princes des différents États de l'Europe qui étaient signalés aux rigueurs du Saint-Siége par le scandale de leurs mœurs privées et par leurs crimes publics! Mais dans ces démêlés orageux et sanglants, les droits rivaux qui se trouvaient aux prises n'avaient pas été clairement définis. Le souverain qui résistait au pape, suivait son intérêt ou sa passion, sans s'inquiéter si sa résistance pouvait ou non être justifiée doctrinalement. Le pape, de son côté, montrait plus d'empressement à maintenir ou à ramener les princes temporels dans son obéissance, qu'à énoncer, sous une forme générale et absolue, les maximes qui étaient le fondement théorique de sa suprématie. Mais, au temps de Boniface VIII et de Philippe le Bel, le conflit entre les deux puissances change de caractère et tend à devenir, sinon plus modéré, du moins plus savant : les universités y prennent une part aussi grande que les armées ; de côté et d'autre, on se combat avec la plume et la parole autant qu'avec le glaive ; la prérogative royale a ses apologistes comme la papauté a les siens ; la question de la souveraineté, si longtemps négligée, apparaît dans toute sa gravité, et résolue tour à tour dans le sens de l'autorité sacerdotale et dans celui de l'autorité laïque, elle soulève entre les théologiens et les juristes une controverse opiniâtre qui devait se continuer longtemps après que ses premiers acteurs auraient disparu de la scène.

Parmi les personnages que leurs antécédents, leur position élevée et leur mérite personnel appelaient à intervenir dans le débat, se trouvait l'archevêque de Bourges, Ægidius ou Gilles de Rome, nommé aussi Gilles Colonna. Italien par le lieu de sa naissance et par sa famille, il était entré, jeune encore, dans la communauté des Ermites de Saint-Augustin. Bien qu'il ne portât pas le même habit que saint Thomas-d'Aquin, il suivit ses leçons pendant treize années, disent les historiens. Au sortir des mains de cet illustre maître, il s'élança lui-même dans la lice avec une vive ardeur, et une hardiesse de sentiments qui paraît avoir ému l'autorité ecclésiastique ; car il dut bientôt rétracter quelques-unes des opinions qu'il avait d'abord soutenues (1). Moins sévère envers lui que ses rivaux et ses juges, sa communauté le choisit pour provincial, et peu après, en 1287, elle lui donna le témoignage le plus éclatant de confiance et d'admiration, en décidant que désormais sa doctrine serait seule suivie dans les maisons de l'Ordre dont tous les membres devaient s'engager à la recevoir et à l'enseigner.

Le renom que Gilles de Rome s'était acquis dans l'Université de Paris l'avait fait choisir par le roi de France Philippe le Hardi, pour être le précepteur de son fils aîné, de celui qui dans la suite s'appela Philippe le Bel. Ce fut à la demande de son royal disciple qu'Ægidius composa le traité célèbre *du Gouvernement des Princes, de Regimine Principum*, dans lequel il trace le code détaillé des devoirs d'un souverain (2). En 1285, lorsque Philippe le Bel, élevé au trône par la mort récente de son père, fit son entrée dans Paris, nous retrouvons Ægidius aux portes de la ville, venant haranguer le nouveau roi, au nom des maîtres de l'Université. Son discours nous a été conservé par les historiens; malgré les défauts dont il est semé, il respire un sentiment si vif de la justice, il renferme de si nobles pensées, qu'on oublie le ton un peu déclamatoire dans lequel il est écrit, pour ne songer qu'aux fortes maximes de cette admirable morale que l'Eglise s'efforçait de faire pénétrer dans le cœur des rois.

Après l'abdication de Célestin III, en 1294, lorsque Boniface VIII eut été désigné pour le remplacer, Gilles de Rome, alors général des Augustiniens, composa un traité de *Renuntiatione papæ* (3), dans lequel il soutenait, contre les adversaires du nouveau pontife, que les lois de l'Eglise n'interdisaient pas au pape de résigner ses fonctions; que, par la retraite involontaire de Célestin, le Saint-Siége était devenu vacant, et qu'ainsi le choix de son successeur était

(1) Fleury, *Hist. ecclésiastique*, liv. LXXXVIII, c. 18.

(2) Le traité de *Regimine principum* est habilement analysé dans la thèse latine que M. Courdaveaux, professeur de rhétorique au lycée de Troyes, a soumise tout récemment à la Faculté de Paris et qui lui a mérité le titre de docteur.

(3) Ce traité a été publié par Roccaberti, au tome II de sa *Bibliotheca pontificia*, in-fol.

régulier et légitime. L'ouvrage ne fut accueilli nulle part avec plus de faveur qu'en Italie, à la cour de Boniface VIII dont l'élection était contestée par un nombreux parti. Voulant témoigner sa gratitude comme son estime au docte théologien, le souverain pontife le promut, en 1295, au siége de Bourges, avec l'assentiment de Philippe le Bel, qui n'eut garde d'écarter son ancien précepteur. Gilles de Rome, porté par un double suffrage aux premiers honneurs de l'Eglise, quitta dès lors et sa communauté et l'Ecole pour aller gouverner l'un des plus grands diocèses de France.

Il n'est pas téméraire de conjecturer que le différend survenu peu de temps après entre le pape et le roi de France causa une vive affliction à l'archevêque de Bourges et le jeta dans une grande perplexité. Théologien consommé, prélat éminent, aussi versé dans la pratique des affaires que dans les controverses scolastiques, ni son rang, ni ses antécédents, ni sa juste renommée ne lui permettaient de se tenir à l'écart. Mais quel parti prendrait-il dans le conflit douloureux qui allait diviser l'Eglise? Il se trouvait placé entre un prince dont il avait élevé la jeunesse, et un pontife dont il avait déjà soutenu les droits; il avait reçu de tous deux des bienfaits, et il ne pouvait se prononcer pour l'un ou pour l'autre, sans paraître infidèle ou ingrat.

L'opinion la plus accréditée, c'est que Gilles de Rome embrassa le parti du roi, et qu'il composa même en sa faveur un traité dans la forme scolastique, sur les rapports des deux puissances, *de Utraque potestate*. Ce traité est bien connu; il figure dans le recueil célèbre où Goldast a réuni tout ce qui a été écrit de plus fort contre la suprématie pontificale (1). Bossuet le cite sous le nom de l'archevêque de Bourges dans sa *Défense du clergé de France* (2). Tous les écrivains modernes que nous avons consultés ont plus ou moins fidèlement suivi la tradition. Parmi eux, un savant magistrat, historien du Berry, rattache notre personnage à la famille des Colonna, si tristement fameux par leur hostilité et leurs violences contre Boni-

____

(1) *Monarchia sancti Romani imperii*, Francofordiæ, 1614, in-fol. t. II, p. 96 et 199.

(2) Lib. III, c. xxv, Œuv. compl. édit. de Versailles, t. xxxi, p. 685.

face VIII ; il le représente comme animé des mêmes sentiments que toute sa parenté, et il semble attribuer à ce motif presque personnel et son attitude dans la querelle entre le pape et le roi, et la composition de l'opuscule recueilli par Goldast (1).

Que cette conjecture soit ingénieuse et que la tradition qui l'a suggérée compte en sa faveur de graves autorités, nous n'éprouvons aucun embarras à l'avouer. Toutefois, en nous renfermant dans l'étude des documents contemporains, nous croyons être en mesure d'établir : 1° que le traité de *Utraque potestate* n'est pas de Gilles de Rome ; 2° que l'archevêque de Bourges, loin d'embrasser le parti du roi, se rangea du côté du Saint-Siége ; 3° qu'il peut être considéré comme ayant inspiré, peut-être comme ayant rédigé la célèbre bulle *Unam Sanctam*, qui causa une si vive émotion à la cour de Philippe le Bel, et contre laquelle les défenseurs de la prérogative royale se sont si souvent élevés.

Il y a dans le traité de *Utraque potestate* un passage remarquable dont l'élévation contraste avec la sécheresse toute scolastique du reste de l'ouvrage : c'est celui où l'écrivain anonyme rappelle les grands exemples de vertus chrétiennes et de dévouement à l'Eglise donnés par la maison royale de France, et invoquant les souvenirs du roi Louis IX que le pape venait de canoniser, place les droits de Philippe le Bel sous la protection de ce grand et saint monarque (2). J'ai peine à me persuader qu'un Italien se fût exprimé dans ces termes, et que, pour louer des souverains dont il n'était pas le sujet, il eût trouvé des accents aussi pénétrés et aussi attendris. Il importerait du moins que l'authenticité du livre où se rencontre ce beau passage fût pleinement établie. Or, ni les plus anciens manuscrits, ni les con-

____

(1) Raynal, *Hist. du Berry*. Bourges, 1846, in-8°, t. II, p. 259 et 260. — Voyez aussi Rohrbacher, *Histoire univ. de l'Eglise*, 2° édit., t. XIX, p. 473.

(2) Goldast, l. I, p. 102 : « Probat bonitas vitæ, claritas famæ, devotionis fervor, sinceritas fidei christianæ, quæ semper in regibus nostris viguit et in regno, præ cæteris regibus et regnis hujus mundi.... Dominus noster rex eodem titulo et eodem jure tenet regnum suum et possidet, quotenuit beatus Ludovicus.... Pro nobis respondeat beatus Ludovicus, respondeat ejus vita sanctissima, quam crebra miracula protestantur. »

temporains ne l'attribuent à Ægidius, tandis que les faits historiques les mieux constatés se réunissent pour démontrer le caractère apocryphe de la composition.

Lorsque le dissentiment entre le pape et le roi eut dégénéré en lutte ouverte, Boniface VIII publia une bulle portant commandement à tous les prélats de France, docteurs en théologie et autres, de se rendre auprès de lui pour aviser de concert aux moyens de réprimer les entreprises de l'autorité séculière contre les biens et les personnes ecclésiastiques, d'assurer la liberté de l'Eglise et de réformer le royaume et le roi. Philippe le Bel, de son côté, fit convoquer à Paris une assemblée des Etats du royaume, la première où les députés de la bourgeoisie aient été admis, pour délibérer sur les mesures à prendre dans l'intérêt de la couronne. En même temps, voulant s'opposer à la réunion ordonnée par le Saint-Siége, il interdit, sous des peines sévères, à tous ecclésiastiques de se rendre en pays étranger.

Ces invitations et ces défenses contradictoires émanées de deux puissances, l'une et l'autre respectées et redoutées, placèrent le clergé dans une situation pleine d'embarras. Une partie, et ce ne fut pas la moins nombreuse, accourut à Paris porter au prince des protestations de fidélité et de dévouement; mais six abbés, trente-cinq évêques et quatre archevêques, bravant les menaces du pouvoir temporel, passèrent les monts et s'en vinrent offrir à Boniface VIII l'appui de leur autorité et de leur expérience. L'histoire a conservé les noms de ces courageux prélats consignés dans les actes par lesquels le roi ordonnait la saisie de leurs biens (1). Or, parmi eux figure l'archevêque de Bourges, celui-là même qui passe pour s'être constitué l'apologiste officieux de la puissance royale. Et il faut bien que, dès l'origine de la querelle, Gilles de Rome n'ait pas caché ses véritables sentiments et que son attitude ait surpris et irrité profondément Philippe le Bel : car sa promotion à l'épiscopat fut l'un des griefs allégués contre Boniface VIII devant les Etats généraux. « Les bénéfices de l'Eglise de France, s'écriaient les orateurs du roi, sont

(1) Dupuy, *Histoire du différend d'entre le pape Boniface VIII et Philippe le Bel, roy de France*, Paris, 1655, in-fol., p. 86.

livrés par le pape à des étrangers, à des Italiens qui en recueillent les revenus et qui appauvrissent le pays. » Bien que Gilles de Rome ne fût pas nommé, les Cardinaux romains ne se trompèrent pas sur le sens de cette apostrophe, et dans les lettres qu'ils adressèrent tant aux députés de la noblesse qu'à ceux de la bourgeoisie, ils répondirent que les seuls Italiens pourvus de bénéfices en France étaient l'archevêque de Bourges et l'évêque d'Arras, qui ne pouvaient être suspects au prince et dont l'éminent savoir et les autres qualités étaient bien connus (1). Le cardinal de Porto, devant le consistoire qui se tint à Rome, fit la même remarque, et il ajouta que le roi de France n'avait pas à se plaindre de pareils choix faits par le pape, puisque frère Ægidius dont il s'agissait, avait été nommé et élevé dans son royaume. Ces apologies, dans lesquelles le nom de Gilles de Rome paraît seul à côté de celui de l'évêque d'Arras ne permettent pas de douter que les invectives des défenseurs de la cause royale ne fussent dirigées contre lui (2). Vers 1301, Philippe le Bel traitait donc son ancien maître, non pas comme un partisan sur le dévouement duquel il put compter, mais comme un adversaire dont il avait tout à craindre. Ses appréhensions étaient sans doute fondées, puisque l'éminent archevêque avait quitté son diocèse pour se rendre auprès de Boniface VIII ; mais Gilles de Rome aurait-il

(1) Voyez dans Dupuy la lettre des cardinaux aux barons du royaume l. i, p. 64 : « Nostræ quoque memoriæ non occurit quod cathedralibus ecclesiis dicti regni providerit (dom. pontifex) de personis italicis, nisi Bituricen. et Attrebaten. Ecclesiis, quibus de personis providit ipsis regi non suspectis et regno quorum eminens scientia late patet, nec sunt conditiones eorum incognitæ. »

Les cardinaux tiennent le même langage aux maires et échevins, l. i, p. 71 : « Qui quoque Dominus noster (Pontifex) de nullo archiepiscopo vel episcopo providit alicui cathedrali Ecclesiæ dicti regni, nisi de oriundis de ipso regno, Bituricen. Archiepiscopo et Attrebaten. Episcopo duntaxat exceptis, quorum eminens scientia late patet, et sunt notæ laudabiles conditiones eorum. »

(2) Dupuy, II, p. 76 : « Bene verum est quod summus Pontifex dominus noster posuit fratrem Ægidium de Roma de ordine Augustinorum, non insisto ad ejus commendationem, sed tamen vos scitis qualis clericus est, ipse est magister in theologia, et fuit nutritus et educatus in regno illo. »

changé d'attitude, et ayant soutenu d'abord la cause du pape, aurait-il ensuite embrassé le parti du roi? Cette conjecture, il faut
l'avouer, n'est rien moins que probable, et pour la justifier, de sim-
ples allégations ne suffiraient pas. Hâtons-nous d'ajouter, afin d'abré-
ger la discussion, qu'elle est contredite ouvertement par un docu-
ment très-précieux, qui n'a pas encore vu le jour, mais dont l'authenticité n'est pas contestable.

Les historiens de l'ordre de Saint-Augustin, Gandolfo et Ossinger (1)
parlent d'un traité manuscrit sur la puissance ecclésiastique, *de Ecclesiastica potestate*, qui existe dans quelques bibliothèques d'Italie, sous le nom de Gilles de Rome. Gandolfo ajoute que si ce traité
devait jamais être publié, il fournirait des arguments décisifs à ceux
qui regardent comme apocryphe l'opuscule mis au jour par Goldast (2). Nous n'avons pas exploré les richesses bibliographiques de
l'Italie, mais la Bibliothèque impériale de Paris possède un volume
in-4°, d'une écriture du quatorzième siècle, provenant du fonds de
Colbert, et inscrit à l'ancien catalogue des manuscrits latins sous le
n° 4229, dans lequel se retrouve, avec un traité de Jacques de Viterbe et quelques autres opuscules sur des sujets analogues, l'ouvrage de l'archevêque de Bourges, *de Ecclesiastica potestate*. Comme
il est inédit, nous croyons utile, malgré la délicatesse de ces matières, d'en présenter rapidement l'analyse.

L'ouvrage est dédié au pape Boniface VIII. Bien que les formes de
la dédicace ne s'écartent pas sensiblement du style usité, certaines
nuances trahissent un sentiment particulier d'obéissance et de dévouement pour le Saint-Siége. Ainsi les expressions de maître et
seigneur y sont plusieurs fois répétées avec un accent de filiale sou-
mission. L'auteur, primat d'Aquitaine, archevêque de Bourges, se

(1) Gandolfo, *Dissertatio historica de ducentis celeberrimis Augusti-
nianis scriptoribus*, Romæ, 1704, in-4°, p. 33; Ossinger, *Bibliotheca Au-
gustiniana*, Ingolstadt, 1768, in-fol. Je pense que c'est le même ouvrage
qui, dans un manuscrit du couvent des Augustiniens à Vérone, était intitulé, au témoignage d'Ossinger, *de Excellentia summi pontificis*.

(2) Gandolfo, *ibid.* : « Libri tres de Potestate ecclesiastica in uno volu-
mine qui libri necessario impressioni tradendi sunt, ut melius ostendatur
falsitas libri editi à Goldasto. »

reconnaît, malgré les dignités dont il est revêtu, l'humble créature du pontife romain, *ejus humilis creatura* (1). La suite, comme on va le voir, ne dément pas ce modeste début.

L'archevêque de Bourges a partagé son livre en trois parties. La première partie qui traite de l'autorité sacerdotale dans ses rapports avec le glaive matériel et l'autorité séculière comprend neuf chapitres formant un peu plus de huit feuillets du manuscrit de la Bibliothèque impériale. Après un court prologue, où il dit que c'est un devoir pour tous les fidèles de bien connaître l'étendue de la puissance du Saint-Siége, l'auteur établit d'une manière générale que, par l'éminence et la sainteté de sa juridiction, le pontife de Rome peut être comparé à cet homme spirituel dont parle l'Apôtre, qui juge toutes personnes et toutes choses, sans avoir lui-même d'autre juge que Dieu; souverain arbitre de l'âme qu'il peut retrancher de la société des fidèles, il le devient par là de l'homme tout entier dont l'âme est la maîtresse partie. Ces principes posés, il s'agissait de les appliquer à l'autorité laïque. Mais déjà la question ne se trouvait-elle pas tranchée implicitement contre elle? Donc, suivant Gilles de Rome, il appartient à l'Eglise d'instituer les rois, et, quand ils gouvernent mal, de les juger. C'est à elle que le Seigneur s'adresse par la bouche de son prophète : « Je t'ai établi sur les nations et sur les royaumes, pour que tu les arraches de la terre et que tu les détruises, et que, les ayant dispersés, tu fondes et élèves de nouveaux empires. » Quatre faits démontrent la supériorité du sacerdoce : 1° la perception de la dîme par l'Eglise ; 2° le privilége qu'elle a de bénir et de consacrer les puissances séculières; 3° le mode d'établissement de ces puissances, qui ont toutes reçu leur institution du pouvoir sacerdotal, à l'exception de quelques-unes qui furent un brigandage organisé ; 4° le spectacle de l'univers, dans lequel nous voyons les corps grossiers régis par l'intelligence, comme les princes temporels doivent l'être par le souverain pontife. Ajoutons la priorité historique du

---

(1) « Sanctissimo patri ac domino suo, domino singulari, domino Bonifacio, divina providentia sacrosanctæ romanæ ac universalis ecclesiæ summo pontifici, frater Egydius, ejus humilis creatura, eadem miseratione, Byturicensis archiepiscopus, Aquitaniæ primas.... »

sacerdoce, qui date du premier sacrifice offert à Dieu par Adam et Abel, et qui, par conséquent, a existé bien avant qu'il y eût des rois. Ainsi, à l'image de la nature humaine qui se compose de deux substances et qui réclame une double nourriture, la société, pour se défendre, a deux glaives, l'un spirituel, l'autre temporel; et de même que l'esprit doit commander au corps, de même le glaive temporel doit être soumis au glaive spirituel. Ces deux glaives sont tous deux aux mains du pape, comme ils furent, sous l'ancienne loi, aux mains de Moïse et des grands prêtres; mais le pape n'en fait pas un égal usage. Tandis qu'il se réserve le glaive spirituel, il abandonne le temporel aux princes séculiers, pour qu'ils s'en servent à son ordre et sous son autorité. Toutefois, la suprématie pontificale n'a pas à souffrir de ce partage qui relève au contraire la dignité du sacerdoce; car il est conforme à la nature que les causes les plus élevées aient sous leur dépendance les causes inférieures qui leur servent d'intermédiaires et d'instruments pour réaliser la fin de leur opération.

Cet exposé rapide, mais fidèle, je crois, des matières développées par Gilles de Rome dans la première partie de son ouvrage, permet d'apprécier le caractère et l'intention du traité de *Ecclesiastica potestate*. Mais si quelque doute subsistait encore sur l'étendue des prérogatives que le docte théologien reconnaît à la papauté, il serait facilement dissipé par l'analyse des quatorze chapitres de la seconde partie. L'auteur y traite du pouvoir de l'Eglise sur les biens temporels. Il commence par établir, et je ne pense pas que, de nos jours, il trouve sur ce point des contradicteurs, que la possession de ces biens n'est pas interdite au clergé par l'Ancien Testament ni par le Nouveau. Mais, comme on peut le présumer, il ne s'en tient pas à cette apologie de la propriété ecclésiatique. Dans son opinion, l'Eglise non-seulement peut posséder, mais, en la personne du souverain pontife, elle a droit sur tout ce qui peut être l'objet d'une possession. Quelle est la destination de choses temporelles? N'est-ce pas l'utilité du corps? Et le corps, n'est-il pas subordonné à l'âme qui est elle-même soumise au souverain pontife? Donc, en vertu de l'autorité même qui lui appartient sur l'âme, le souverain pontife a sous sa juridiction les choses temporelles : nos âmes, nos corps et nos biens, tout relève également de lui. Alors même que cette dépendance n'existe pas en fait, méconnue qu'elle est par les passions des hommes, elle subsiste en droit; elle constitue pour les fidèles une dette dont ils ne peuvent pas absolument s'affranchir (1). L'archevêque de Bourges corroborait cette conclusion par ses précédentes maximes sur les rapports des deux puissances. En effet, si le pouvoir séculier, qui a le soin des affaires temporelles, doit rester soumis à l'autorité supérieure du sacerdoce, n'est-on pas amené par la force des choses à reconnaître que la compétence du sacerdoce embrasse même le temporel, qu'il dispose de tous les éléments et de toutes les forces de la société civile, et que c'est un devoir pour les souverains de tout régler dans leurs Etats selon ses vues et pour son service, l'armée, les finances, la législation, l'ordre judiciaire, la constitution politique du pays? « Il est évident, s'écrie Gilles de Rome, que l'art de gouverner les peuples consiste à les coordonner aux lois de l'Eglise, comme la matière est coordonnée à la forme (2). » Cette formule paraîtra sans doute bien excessive à la plupart de nos lecteurs, et cependant elle n'est pas encore le dernier mot de l'archevêque de Bourges; elle n'exprime pas les dernières conséquences de ses principes. Telle est, suivant lui, l'étendue de la puissance ecclésiastique, qu'elle comprend même les propriétés privées, et que, par exemple, le possesseur d'un champ ou d'une vigne ne peut pas les posséder justement, s'il ne les possède sous l'autorité

(1) P. II, c. 4, fol. 14, v° : « Patet quod omnia temporalia sunt sub dominio Ecclesiæ collocata, et si non de facto, quoniam multi forte huic juri rebellantur, de jure tamen et ex debito temporalia summo pontifici sunt subjecta, a quo jure et à quo debito nullatenus possunt absolvi. »

(2) C. 6, fol. 18, v° : « Patet ergo, quod terrena potestas et ars gubernandi populum secundum terrenam potestatem, est ars disponens materiam ad dispositionem ecclesiasticæ potestatis. Ipsa terrena potestas debet sic esse subjecta potestati ecclesiasticæ, ut seipsam et omnia organa et instrumenta sua ordinet ad obsequium et ad nutum spiritualis potestatis, et quoniam organa et instrumenta potestatis terrenæ sunt civilis potestas, arma bellica, bona temporalia quæ habet, leges et constitutiones quas condit, ideo seipsam et omnia hæc tanquam ejus organa et instrumenta ordinare debet ad obsequium et voluntatem ecclesiasticæ potestatis. »

de l'Eglise et de par l'Eglise (1). L'enfant qui a recueilli la succession paternelle est moins redevable à son père qu'à l'Eglise ; car si son père l'a engendré selon la chair, l'Eglise l'a régénéré selon l'esprit, et autant l'esprit l'emporte sur la chair, autant les droits que sa régénération spirituelle lui confère, l'emportent sur ceux qu'il tient de sa génération charnelle. Sans le baptême et sans les sacrements, que sommes-nous, sinon des esclaves du péché, des créatures rebelles à qui cette désobéissance a enlevé toute espèce de droits, non-seulement sur les biens de l'éternité, mais encore sur ceux de la vie présente ? L'Eglise seule, en nous réconciliant avec Dieu, nous fait recouvrer ce que nous avons perdu, et légitime en nos mains les possessions qui composaient l'héritage de nos pères (2). Mais quoi ! les Infidèles qui n'ont pas été régénérés par le baptême, les chrétiens eux-mêmes qui n'ont pas été purifiés de leurs fautes par la pénitence, tous ceux qui vivent en dehors de l'Eglise, ne sont-ils pas, malgré leurs souillures, les justes propriétaires des biens qu'ils possèdent ? Non, répond Gilles de Rome : cette possession en leurs mains n'est pas légitime ; elle a lieu contre la vérité et le droit. Tout ce que nous avons, nous l'avons reçu de Dieu ; si nous ne l'employons pas pour la gloire de Dieu, si nous nous élevons contre l'Eglise de Dieu, nous ne sommes que des dépositaires déloyaux et d'iniques détenteurs des dons de la Providence (3).

(1) Cap. 6, fol. 20, r. : « His ergo declaratis, volumus descendere ad propositum et ostendere quod nullum sit dominium cum justitia , nec rerum temporalium, nec personarum laïcarum, nec quorumcumque, quod non sit sub Ecclesia et per Ecclesiam, ut agrum, vel vineam, vel quodcumque quod habet hic homo, vel ille, non possit habere cum justitia, nisi habeat id sub Ecclesia et per Ecclesiam. »

(2) *Ibid.*, fol. 20, r° : « Vides ergo quod ad justam et dignam possessionem rerum plus facit regeneratio per Ecclesiam quæ est spiritualis, quam generatio prima quæ fuit carnalis. » Fol. 20, V° : « Magis es dominus possessionis tuæ et cujuscumque rei quam habes, quoniam es Ecclesiæ filius spiritualis, quam quoniam es filius patris carnalis. » Cap. IX, fol. 23, V° : « Quilibet fideles quoties in peccatum mortale labuntur et per Ecclesiam absolvuntur, toties omnia bona sua, omnes honores, omnes potestates et facultates suas debent recognoscere ab Ecclesia, per quam absoluti, facti sunt talibus digni quibus, cum peccato serviebant, erant indigni. »

(3) Cap. XI, fol. 26, v° : « Volumus ad ipsam possessionem, et domi-

Je ne sais si Gilles de Rome avait en vue ces étranges maximes, si dures, si outrées, si capables d'effrayer et d'irriter les esprits, lorsque, dans le prologue de son ouvrage, par une précaution oratoire sans doute bien nécessaire, il conjurait ses lecteurs d'attendre, pour le juger, qu'ils eussent achevé de le lire entièrement. Quoi qu'il en soit, dans une troisième partie qui n'était ni la moins difficile à composer, ni la moins importante, il tempère la rigueur de sa doctrine sur la primauté du sacerdoce, et essaie d'établir qu'elle n'altère pas la notion et ne compromet pas les droits de l'autorité civile.

Quelle est la mission de l'Eglise? C'est le salut des âmes? Il est donc juste qu'elle intervienne toutes les fois que ce grand intérêt, confié à sa garde particulière, se trouve menacé ou compromis; et comme il arrive souvent que la recherche des biens temporels le met en péril, elle est naturellement appelée à connaître, comme le magistrat séculier et avec une autorité supérieure à la sienne, des questions qui se rattachent à la possession de ces biens. Cependant quelque préjudice moral que les jouissances terrestres nous causent, en nous détournant de nos fins éternelles, il est certain que les richesses, les fruits de la terre et les autres biens matériels sont spécialement destinés à l'entretien de notre corps, et qu'ils ne concernent notre âme que d'une manière très-indirecte. Conséquemment, pris en eux-mêmes, ils tombent sous la juridiction immédiate de la puissance civile à qui le soin de tout ce qui regarde le corps est dévolu. C'est à cette puissance qu'il appartient de prononcer sur les différends dont ils sont l'objet parmi les hommes, et par exemple c'est elle qui doit régler l'ordre des successions; l'Eglise en ce cas a seulement une compétence lointaine, et comme un droit de contrôle, inhérent à son caractère sacré (1).

---

nium et potestatem infidelium nos convertere, ostendentes quod nullam possessionem, nullum dominium, nullam potestatem possunt infideles habere vere et cum justitia. » *Ibid.*, fol. 27, r°. « A Deo habemus res temporales et dominia et potestates, quoniam non est potestas, nisi a Deo : quanto ergo magis hæc omnia habemus a Deo, tanto sumus magis injusti possessores, si inde non servimus Deo. »

(1) Part. III, cap. v, fol. 47, v° : « Nisi immineat spiritualis casus, si agatur de temporalibus, ut temporalia sunt et ut sunt in sustamentum cor-

Le partage entre la propriété ecclésiastique et la propriété civile s'opère d'après des principes analogues. L'Eglise perçoit la dîme, les offrandes et les autres revenus appartenant aux institutions religieuses ; elle a, en outre, sur toute espèce de biens, un droit primitif, supérieur et général, en vertu duquel elle consacre les possessions individuelles. Mais cette primauté du sacerdoce n'anéantit pas la propriété du souverain temporel qui conserve toute latitude pour retirer de ses domaines et obtenir de son peuple les ressources nécessaires au bien de l'Etat. Ainsi tout ce qui est à l'Eglise, c'est-à-dire à Dieu, est rendu à Dieu, et tout ce qui appartient à César est laissé à César (1). Gilles de Rome ajoute que le souverain pontife doit user avec modération de l'autorité qui lui est confiée, ne pas s'en servir pour porter le trouble dans les Etats, ne pas intervenir à tout propos dans leurs affaires ; aussi longtemps que l'intérêt spirituel n'est pas engagé, la raison veut qu'à l'exemple de la Providence qui laisse agir les causes secondes, il laisse les princes gouverner leurs peuples selon qu'ils l'entendent (2). Toutefois, comme la pensée dominante de l'ouvrage est celle de la suprématie pontificale, il a pour conclusion un chapitre dans lequel le pieux écrivain exalte une dernière fois la puissance de l'Eglise et déclare qu'il est

porum nostrorum, spectabit ad judicem civilem et ad potestatem terrenam de ipsis temporalibus judicare secundum immediatam executionem.... Sed si agatur de temporalibus, ut sunt in malum et in damnationem animarum nostrarum, consequens erit quod Ecclesia habeat super temporalibus juridictionem non solum superiorem, et primariam, sed et immediatam et executoriam. »

(1) P. iii, cap. xi, fol. 55, v° : « Aliter erunt (res) sub Ecclesia et aliter sub eo (domino temporali) erunt. Sub Ecclesia erunt tanquam sub ea quæ habet dominium superius et primarium, quod dominium est principale et universale ; sed erunt sub domino temporali tanquam sub domino qui habet dominium inferius et secundarium, quod est immediatum et executorium. Ex hoc autem dominio superiori, debentur Ecclesiæ de omnibus temporalibus decimæ et oblationes ; ex dominio vero inferiori et secundario, debentur potestatibus terrenis et temporalibus dominis de ipsis temporalibus rebus aliæ utilitates et alia emolumenta quæ proveniunt ex temporalibus rebus... In temporalibus, suum jus habet Ecclesia et suum jus habet Cesar. »

(2) Part. iii, cap ii, fol. 43.

impossible d'en calculer et d'en mesurer l'étendue : *Quod in Ecclesia est tanta potestatis plenitudo quod ejus posse est sine pondere, numero et mensura.*

Nous avons reproduit, aussi exactement que nous pouvions, le fond de la doctrine du traité *de Ecclesiastica potestate*, sans nous attacher à en suivre les développements chapitre par chapitre, car elle peut se ramener à un petit nombre d'idées principales qui reparaissent pour ainsi dire à chaque page, non sans amener, même dans la forme, d'assez fréquentes répétitions pour lesquelles l'auteur lui-même demande grâce. A peine est-il nécessaire de constater que jamais la puissance pontificale n'a eu de défenseur plus énergique et plus sincère. Si d'autres sont allés aussi loin que Gilles de Rome dans la déduction des prérogatives temporelles du Saint-Siége, certainement personne n'a poussé plus avant. La modération du langage forme un singulier contraste avec l'inflexible rigueur du système ; les maximes les plus absolues qui supposent une conviction ardente, sont exprimées avec calme et sérénité, sans que nulle part une invective contre l'autorité laïque trahisse la passion.

Mais ce qui fait à nos yeux le principal intérêt historique du traité que nous venons d'analyser, c'est l'analogie frappante des doctrines qui y sont exposées, avec quelques-unes de celles qu'à la même époque la cour de Rome cherchait à faire prévaloir. Il existe trois bulles de Boniface VIII dans lesquelles la redoutable question des rapports de l'autorité civile et de l'autorité spirituelle se trouve posée résolûment. Ce sont les bulles *Clericis laïcos* du mois de septembre 1296; *Ausculta fili*, du 5 décembre 1301, et *Unam sanctam*, du mois de novembre 1302. Quel est le sens de ces actes célèbres ? Tout le monde le sait; ils sont l'affirmation la plus éclatante des immunités de l'Eglise et de sa suprématie même temporelle vis-à-vis du pouvoir civil. La bulle *Clericis laïcos* conteste au roi la faculté d'imposer le clergé et frappe d'excommunication tous prélats et ecclésiastiques, réguliers ou séculiers, qui, sans l'expresse autorisation du Saint-Siége, payeraient aux laïques la dîme, ou toute autre partie de leurs revenus, ou une contribution quelconque. Dans sa bulle *Ausculta fili*, que Philippe le Bel fit brûler à Paris, le pape déclare que Dieu l'a établi sur les rois et les royaumes pour arracher, détruire, perdre, dissiper, édifier et planter au nom de Jésus-Christ et par sa doctrine. Enfin la bulle *Unam sanctam*, plus précise et plus absolue encore, enseigne que le pouvoir appartient sur la terre à l'Eglise, qu'elle est la maîtresse et l'arbitre des rois; que la puissance du glaive n'a été remise aux princes que pour s'en servir suivant l'ordre et la permission du souverain pontife. Ne sont-ce pas là exactement les maximes que nous venons de retrouver dans le traité *de Ecclesiastica potestate ?*

Mais l'analogie ne s'arrête pas au fond des doctrines, elle s'étend à leur expression. Ayant rapproché le texte de la bulle *Unam sanctam* et celui de l'ouvrage de l'archevêque de Bourges, nous avons retrouvé presque mot à mot dans notre manuscrit toutes les phrases principales de l'acte pontifical. Quelques citations sont ici nécessaires pour bien faire comprendre l'étendue et la portée de ces ressemblances.

Après avoir rappelé que dans l'Eglise de Jésus-Christ il ne doit y avoir qu'un troupeau et qu'un pasteur, Boniface VIII enseigne que l'Eglise possède deux glaives, le spirituel et le temporel; l'un qu'elle emploie elle-même; l'autre qui doit être employé à son service et suivant ses ordres, par les rois et par les guerriers. Puis il continue en ces termes :

« Oportet autem gladium esse sub gladio, et temporalem auctoritatem spirituali subjici potestati. Nam cum dicat Apostolus : Non est potestas nisi a Deo; quæ autem sunt, a Deo ordinata sunt : non autem ordinata essent, nisi gladius esset sub gladio, et tanquam inferior reduceretur per alium in suprema. Nam secundum beatum Dionysium, lex divinitatis est, infima per media in suprema reduci. Non ergo secundum ordinem universi, omnia æque ac immediate, sed infima per media, et inferiora per superiora ad ordinem reducantur.»

Voici maintenant en quels termes s'exprime Gilles de Rome, au chapitre III du livre Ier :

« Non est potestas nisi a Deo; sed et omnis habet ordinata esse, quoniam, ut tangebamus, quæ sunt a Deo oportet ordinata esse. Non essent autem ordinata, nisi unus gladius reduceretur per alterum et nisi unus esset sub alio. Quoniam, ut dictum est per Dionysium, hoc requirit lex divinitatis quam Deus dedit universis rebus

crealis et hoc requirit ordo universi, id est universarum rerum crea-
tarum, ut non omnia æque immediate reducantur in suprema, sed
infima per media et inferiora per superiora. Gladius ergo temporalis
tanquam inferior reducendus est per spiritualem tanquam per superiorem, et unus ordinandus est sub altero, tanquam inferior sub
superiori. »

Boniface VIII poursuit la comparaison des deux puissances temporelle et spirituelle :

« Spiritualem autem, et dignitate, et nobilitate, terrenam quam libet
præcellere potestatem oportet tantò nos clarius fateri, quanto spiritualia temporalia antecellunt. Quod etiam ex decimarum datione, et
benedictione et sanctificatione, ex ipsius potestatis acceptione, ex
ipsarum rerum gubernatione, claris oculis intuemur. »

Gilles de Rome tient à peu près le même langage, dans son chapitre IV :

« Quod sacerdotalis potestas dignitate et nobilitate præcedat potestatem regiam et terrenam, apud sapientes dubium esse non potest :
quod possumus quidem declarare primo, ex decimarum datione ; se-
cundo, ex benedictione et sanctificatione ; tertio, ex ipsius potestatis
acceptione ; quarto, ex ipsarum rerum gubernatione. »

La conséquence des maximes précédentes, c'est évidemment que
la puissance spirituelle a le droit de juger la temporelle ; aussi Boniface VIII réclame-t-il sans détour cette prérogative :

« Ergo si deviat terrena potestas, judicabitur a potestate spirituali ;
sed si deviat spiritualis, minor a suo superiori ; si vero suprema, a
solo Deo, non ab homine poterit judicari. »

Mais que dit Gilles de Rome sur ce même sujet ?

« Si deviat ergo terrena, judicabitur a potestate spirituali, tanquam a suo superiori ; sed si deviat potestas spiritualis et potissime
potestas summi pontificis, a solo Domino poterit judicari. »

Nous aurions pu multiplier ces rapprochements ; mais ceux qui
précèdent suffisent pour démontrer d'une manière péremptoire la
conformité qui existe, dans le fond comme dans la forme, entre
l'acte le plus célèbre de Boniface VIII et le traité inédit de Gilles de
Rome. En remontant au delà du treizième siècle, on retrouverait
une doctrine et même des expressions entièrement semblables chez

plusieurs écrivains ecclésiastiques, par exemple, chez saint Bernard et chez Hugues de Saint-Victor, mais il resterait toujours à expliquer l'étrange coïncidence qui a permis que ces expressions fussent empruntées à la même époque et pour ainsi dire au même moment par la main qui a écrit la bulle *Unam sanctam*, et par l'archevêque de Bourges. Est-ce la bulle pontificale à qui la priorité appartient, et dont le texte aurait passé, par un plagiat bien excusable, dans l'ouvrage de l'illustre théologien? Cet ouvrage, au contraire, serait-il le premier en date, et aurait-il satisfait à ce point le rédacteur anonyme de la bulle, que celui-ci se serait contenté d'en extraire les passages les plus saillants et de les coordonner au moyen de transitions? Ce qui ne semble pas douteux, après les citations que nous avons données de ces deux manifestes en faveur de l'autorité pontificale, c'est que l'un a servi pour composer l'autre, quel que soit d'ailleurs le modèle et quelle que soit la copie. Ne pouvons-nous pas supposer qu'ils sont sortis tous deux de la même main, et que, dans cette controverse périlleuse avec un puissant monarque dont la papauté affrontait la colère, elle avait trouvé, pour exposer et pour défendre ses prétentions, la plume savante et exercée du prélat français? Les historiens (1) s'accordent pour regarder la décrétale *Unam sanctam* comme l'œuvre du concile qui se tint à Rome au mois d'octobre 1302. Or, Gilles de Rome, nous l'avons vu, avait quitté son diocèse, malgré les ordres du roi, pour se rendre à cette assemblée. Tout porte à croire qu'il passa quelque temps en Italie; car, au mois de décembre de l'année suivante, il n'était pas encore de retour dans sa ville épiscopale, lorsque le chapitre de la cathédrale et plusieurs religieux appartenant à différentes communautés se réunirent, sur la demande d'un envoyé de Philippe le Bel, afin d'adhérer à tout ce que le roi avait arrêté (2). Partisan courageux de Boniface VIII, théologien illustre, homme d'expérience autant que de savoir, n'était-il pas au nombre de ceux sur qui la papauté devait se reposer le plus naturellement du soin de défendre sa suprématie? Nous livrons à nos lecteurs cette conjecture, que nous ne

(1) Fleury, *Hist. Eccles.*, liv. xc. ch. 16.
(2) Dupuy. t. i. p. 176 et suiv.

serions pas en mesure de démontrer directement, mais qui nous paraît s'accorder assez bien avec l'ensemble des faits jusqu'ici connus.

On connaît la fin prématurée de Boniface VIII, tué par le chagrin, à la suite des scènes violentes dont la ville d'Anagni avait été le théâtre. On sait aussi les changements qui suivirent cette mort inattendue, et la nouvelle attitude que prit la papauté sous Benoît XI, mais principalement sous Clément V. Le roi de France l'emporta, les excommunications qui avaient été lancées contre lui et les siens furent levées ; la bulle *Clericis laicos* fut retirée ; la bulle *Unam sanctam* expliquée dans un sens favorable au pouvoir royal. Clément V déclarait, à la vérité, qu'il n'entendait pas innover, mais laisser les choses en l'état où elles avaient toujours été ; d'où l'on pouvait conclure qu'il ne renonçait pas entièrement aux anciennes prétentions du Saint-Siége sur le temporel des couronnes ; mais cette réserve implicite, que les canonistes ont relevée plus tard, frappa beaucoup moins les esprits que les marques éclatantes de faveur que le pape prodiguait au roi de France, et qui furent regardées, par les amis et les ennemis de ce prince, comme le triomphe de sa politique. Dans cette situation, il n'est pas surprenant que les ouvrages composés pour la défense de la suprématie pontificale aient été laissés dans l'ombre. Si le vainqueur avait intérêt à en effacer le souvenir, le parti vaincu pouvait à peine, sans protester par une voie détournée contre sa défaite, en multiplier les copies et les produire au grand jour. Le traité de l'archevêque de Bourges sur la puissance ecclésiastique partagea le sort de celui de Jacques de Viterbe, composé pour la défense de la même cause (1), et qui, étouffé dès

(1) L'ouvrage de Jacques de Viterbe est dédié, comme celui de Gilles de Rome, à Boniface VIII, et fait également partie du manuscrit que nous avons eu sous les yeux. En voici le début . « Sanctissimo in Christo patri ac reverendissimo domino Bonifacio divina providentia sacrosanctæ ac universalis ecclesiæ pontifici summo frater Jacobus de Viterbio, ordinis Heremitarum sancti Augustini, theologicæ facultatis professor licet inutilis, cum summa devotione, obedientia et reverentia devota pedum oscula beatorum. Opusculum subditum de regimine christiano quod aggredi me induxit filialis devotio ad sacrosanctam matrem Ecclesiam atque sedem

son apparition, est resté inédit, malgré son mérite incontestable, tandis que des productions beaucoup moins savantes obtenaient les honneurs de la publicité. Gilles de Rome est cité, par l'apologiste de Bellarmin, parmi les défenseurs du pouvoir temporel du pape (1) ; mais son livre était si peu répandu, le rôle qu'il a joué si mal apprécié, que l'opuscule de *Utraque potestate*, de tout point si contraire à ses véritables sentiments, avait pu paraître sous son nom dans le recueil de Goldast, et avait été accepté comme authentique par Bossuet. Peut-être n'était-il pas sans intérêt de signaler cette erreur, de mettre en lumière un ouvrage important, et d'éclairer une partie peu connue de la carrière politique de cet illustre archevêque de Bourges, la gloire de l'ordre de Saint-Augustin, et l'une des plus grandes figures de l'Université de Paris et de l'épiscopat français.

apostolicam cui pastor et regum terræ sacer princeps, disponente Altissimo, præsidetis, consideravi nulli esse dignius offerendum quam vestræ sanctæ Paternitati quæ ad libertatem ecclesiastici regiminis et exaltationem catholicæ veritatis prudenter et flagranter invigilat... »

(1) Voy. *Apologia pro illustr. Card. Bellarmino*, auct. Ad. Schulkenio ap. Roccaberti *Biblioth. pontific.*, tom. II, p. 12.

Afin de compléter l'analyse que nous avons donnée de l'ouvrage de Gilles, de Rome, sur la puissance ecclésiastique, nous reproduirons ici la dédicace et l'intitulé des chapitres de tout l'ouvrage. A défaut de citations plus étendues, cette table des matières permettra de mieux apprécier le caractère et le plan de la composition.

Sanctissimo patri ac domino suo, domino singulari, domino Bonifacio, divina providentia sacrosanctæ romanæ ac universalis Ecclesiæ summo pontifici, Frater Ægydius, ejus humilis creatura, eadem miseratione Byturicensis archiepiscopus, Aquitaniæ primas, cum omni subjectione seipsum ad pedum oscula beatorum infra scriptam compilationem de ecclesiastica potestate eisdem beatis pedibus humiliter offerentem.

Fol. 1, rº. — Incipiunt capitula primæ partis præsentis libri de ecclesiastica potestate, in qua tractatur de potestate summi pontificis respectu materialis gladii et respectu potentiæ secularis.

Ibid. — Capitulum primum. In quo est prologus hujus libri declarans quod, ne ignoremur a Domino, non debemus summi pontificis potentiam ignorare.

Ibid., vº. — Capit. II. Quod summus pontifex est tantæ potestatis quantæ est ille spiritualis homo qui judicat omnia, et ipse a nemine judicatur.

Fol. 2, rº. — Capit. III (1). Quod summus pontifex est tantæ potestatis quod est illa potestas cui omnis anima debet esse subjecta.

Fol. 3, rº. — Capit. IV. Quod spiritualis potestas instituere habet terrenam potestatem, et si terrena potestas bona non fuerit, spiritualis potestas eam poterit judicare.

Ibid., vº. — Capit. V. In quo adducuntur ix rationes quod sacerdotalis potestas sublimior et dignior est omni regia potestate.

_____

(1) Dans le corps du volume, le chapitre 3 porte le numéro 2; cette erreur qui se reproduit de chapitre en chapitre jusqu'à la fin de la première partie, n'existe pas dans la table qui se lit au commencement de l'ouvrage.

nisi sit servus, et filius Ecclesiæ, et nisi per Ecclesiam sit dignus hereditate æterna.

Fol. 22, rº. Capit. IX. Quod licet non sit potestas nisi a Deo, nullus tamen est dignus aliqua potestate, nisi sub Ecclesia et per Ecclesiam fiat dignus.

Fol. 23, vº. — Capit. X. *Quod in omnibus temporalibus Ecclesia habet dominium universale; fideles autem de jure et cum justitia dominium particulare habere possunt.*

Fol. 26, vº. — Capit. XI. Quod infideles omni possessione et dominio ac potestate qualibet sunt indigni.

Fol. 27, vº. — Capit. XII. Quod in omnibus temporalibus Ecclesia habet dominium superius, ceteri autem solum dominium inferius habere possunt.

Fol. 30, vº. — Capit. XIII. Quare sunt duo terreni gladii in Ecclesia et quomodo hii duo gladii sunt sumendi.

Fol. 35, vº. — Capit. XIV. Quod cum duo gladii sint in Ecclesia, quinque de causis gladius inferior non superfluit propter superiorem, sed hii duo gladii decorant et ornant Ecclesiam militantem.

Fol. 37, vº. — Capit. XV. Ubi plenius agitur quomodo duo gladii qui sunt in Ecclesia adaptantur ad duos gladios in evangelio nominatos.

Fol. 38, vº. — Incipit tertia pars hujus operis in qua solvuntur objectiones quæ contra præhabita fieri possunt.

Ibid. — Capitulum primum. Quod cum dictum sit quod Ecclesia in temporalibus habeat universale dominium, quomodo intelligendum sit quod non est de rigore juris ut a civili judice appelletur ad papam.

Fol. 40, vº. — Capit. II. Cum Ecclesia super temporalibus habeat universale dominium, quomodo intelligendum est quod summus pontifex non vult juridictionem regum perturbare, et quod non ad Ecclesiam, sed ad reges spectat de possessionibus judicare.

Fol. 43, rº. — Capit. III. Quod ratio persuadet prima, materialia et naturalia manifestant, nec non et tertio divina gubernatio hic declarat qualiter summus pontifex circa temporalia se debet habere.

Fol. 44, rº. — Capit. IV. Quod cum omnia temporalia sint sub dominio Ecclesiæ, quomodo intelligendum est quod ait Innocentius III quod « cunctis causis inspectis, temporalem juridictionem casualiter exer« cemus. »

Fol. 46, r°. — Capit. V. *Quod si temporalia fiant spiritualia, vel annectantur spiritualibus, vel à contrario temporalibus spiritualia sint annexa,* sunt spirituales casus per quos Ecclesia juridictionem temporalem dicitur exercere.

Fol. 48, r°. — Capit. VI. *Cum pro quolibet criminali peccato possit Ecclesia quemlibet Christianum corripere, et ex hoc temporalem juridictionem peragere, qualiter præcipue ad Ecclesiam spectat, cum litigium temporalium contrariatur paci, et cum pacis fœdera sunt juramento firmata.*

Fol. 49, r°. — Capit. VII. *Quod tam ex parte rerum temporalium,* ut superius est narratum, tam ex parte potestatis terrenæ, ut in hoc capitulo ostendetur, quam etiam ex parte potestatis ecclesiasticæ, ut in sequenti capitulo declarabitur, possunt sumi spirituales casus propter quos summus pontifex se de temporalibus intromittit.

Fol. 51, r°. — Capit. VIII. *In quo narrantur speciales casus, sumpti ex parte potestatis ecclesiasticæ, in quibus ad Ecclesiam pertinebit jurisdictionem in temporalibus exercere.*

Fol. 52, r°. — Capit. IX. *Quod est plenitudo potestatis, et quod in* summo pontifice veraciter potestatis residet plenitudo.

Fol. 53, v°. — Capit. X. *Cum in summo pontifice sit plenitudo potestatis, non tamen sit in cœlo hujus plenitudo, qualiter potestas ejus dicatur esse cœlestis.*

Fol. 54, v°. — Capit. XI. *Cum in summo pontifice plenitudo resideat* potestatis, quomodo intelligendum est dictum Hugonis, quod pia devotione fidelium, temporalia quædam ecclesiis concessa sunt possidenda.

Fol. 56, r°. — Capitulum ultimum. *Quod in Ecclesia est tanta potestatis plenitudo quod ejus posse est sine pondere, numero et mensura.*

Explicit liber de ecclesiastica potestate sive de summi pontificis potestate.

<hr>

Paris, Imprimerie de Paul Dupont,
rue de Grenelle-St-Honoré, 45

A Monsieur de Gile [illegible]